SV

Robert Schindel
Scharlachnatter

Gedichte

Suhrkamp

Erste Auflage
© Suhrkamp Verlag Berlin 2015
Alle Rechte vorbehalten, insbesondere das der Übersetzung,
des öffentlichen Vortrags sowie der Übertragung
durch Rundfunk und Fernsehen, auch einzelner Teile.
Kein Teil des Werkes darf in irgendeiner Form
(durch Fotografie, Mikrofilm oder andere Verfahren)
ohne schriftliche Genehmigung des Verlages reproduziert
oder unter Verwendung elektronischer Systeme
verarbeitet, vervielfältigt oder verbreitet werden.
Druck: Druckhaus Nomos, Sinzheim
Printed in Germany

ISBN 978-3-518-42486-5

Für

Theresia Ritter
Christof Šubik

Kapitel 1

Bleibt einer jäh stehen

Anzählung 2
(Befund)

Die allgegenwärtigen Schnarchnasen
Durchsäbeln die Stille
Dass sie auffliegt
Und einwolkt

Unter ihr im milden Wind
Gehen wir ohne
Schellen an den Mützen ohne
Karos am Gewand

Herab wirbelt das Gekrächz und Gezirp
Besteppt den Boden

Ein mooriger Nachtwind
Räumt den Himmel auf
Sukzessive schläft das Geschnarche ein

Einen Moment Ruhe
Und doch ein Gegurgel
Hebt nunmehr an

Wird dringlicher
Durchsäbelt
Fliegt auf
Bildet

Serpentin

Inzwischen bereits die Serpentinen
Hinabgewackelt die Perspektiven
Abtauchender Sonnen in der Augenklemme
Offensichtlich auf den Gurgelpunkt zu
Bleibt einer jäh stehen da
Der schmalfransige Splitterschatten
Seinen Schädel streift

Ein Ichliebedich kommt von den Niederungen
Einhergesegelt Schrapnell und Schmetterling
Erreicht über der Nordlusterle seine Höhe steht
Still unterm Wolkenverhau dreht ab
Verschwindet weiter geht einer indes
Jenes Satzmonster an Böschungen aufprallt
Sich überschlagend und schließlich
Im Talgrund verscheppert

Vom Balkon

Ich trat herrlich hinaus auf meinen Balkon
Er stürzte hinab und traf meinen Sohn
Der lag auf dem Gehsteig und abgeschasselt
Auch ich der zu ihm hinuntergerasselt

War nicht viel hübscher als mein Spross
Man ähnelt sich im Totentross

Sie riefen zwei Leichentaxis zum Knochenblutort
Die fuhren uns zum Acker fort

Ein Neffe jetzt weiß ich nicht mehr von mir oder von ihm
Kotzte in den Blutteich sodass mittendrin
Die blaue Blume ihr Köpfchen hob
Indes der Wind durch die Gassen stob

Nature morte 2
(Heruntergehundet)

Aber heruntergehundet während
Wir uns in den Hoffnungskerzen winden
Zur Flamme herauf ja dieses
Herauf zu den Akkorden erfüllten Lebens

Aber wer immer den Kopf neigt
Hat das Heruntergehundete
Im Blickgetränkten begeht
Das Zukunftsgebirge
Im Nachtkegel und auf
Beide Dämmerungen zu

Davonkommen

1

Diese Nacht
Samten und garstig
Durch sie
Schneidet der Mondstrahl
Von der Wolke in den Fuchsbau

Vorne und hinten
Schreien die Nachtvögel auf
Dreh ich den Kopf hinüber
Finde in der schwachen
Finsternis erschrockenes Gras

Pendelnde Zweige auf denen
Kein Tier sich halten mag

Als Ganzer geh ich neben
Dem Mondstrahl
Meines Weges mag sein dass
Fuchs und Grille

Mir nachschauen das
Schmutzt mich nicht
Mondlicht nervöses Gezweig
Hummelgebrumm

2

Ich marschiere
Durch den Wald

Halte im aufrechten
Gang die Bestien ab
Und verschwinde

Im Ziel
Stets geht es so
Doch bei Sturm

Fällt der Baum
Oder bloß der Hauptast
Auf mich komme ich um
Wie jeder

Seit Jahren aber gehe ich
Nächtens bei Sturm
Jenseits von Baum und Wald

Mitten
Auf der Straße
An den
Herunterstürzenden
Ziegeln
Vorüber

Ins
Ziel

Die Autofahrer hupen wohl
Lassen Fensterscheiben hinunter
Und nennen mich einen
Verfernzer oder einen
Schmozzanten

Sollen sie doch
Sollen sie

3

Wenn Verfernzer und Schmozzanten
Mich befluchen
Als Vogel den sie mir
Zeigen sperbe ich davon und
Der Scheibenwischer

Den sie mir vor
Mein Gesicht machen

Wischt mir bloß die Tränen
Von den Backen ich bleibe
Mittig und nichts
Von oben
Erlegt mich

Morgen schieben sie mich
In eine Röhre

Schwestern und Ärzte
Betrachten meinen
Von Büchern gepeinigten Leib
Schicken mich heim
Verfernzer und Schmozzanten

Tage später befundet
No Chance

4

Fahre frühmorgens heraus aus dem Traum
Spring aus dem Bett setz mich zu Cornflakes
Lese den Todteil der Mittagszeitung

Sperr den Computer auf und sitz
Bis die Nacht das Vergessen eingeigt

Beim Besilben

Da meine Toten versintern
Merk ich dass die Wunden veralten
Auch wenn die Schmerzen überwintern
Kann ich Narben verwalten

Der Fluchtsprung ins Leid
Mag nicht mehr gelingen
Der Schrei jener Zeit
Hallt bloß in den Dingen

So entspringen die Worte
Die vom Schmerze künden
Wie aus der Retorte

Meine Toten verschwinden
Doch mag ich noch finden
Beim Besilben die Borke

Terzsturz

Also sich ummanteln
Des Wortes Sklave sein
Sich rauf und rüber hanteln
Verlassen Stock und Stein

Sich nähern Blech und Sphären
Verinnern Rausragnasen
Als ob veralbert wären
Die Sehnsuchtshintersassen

In meinem Traum im Schrei
Inmitten der Menschenmenge
Bered ich das Einerlei

Besprenkel mit Hast meine eigene Enge
Tu als ob mir gelänge
Das Wort in welchem was sei

Hinüb

Mit Sprachspatzen hinaus hinüber und futsch
Noch durch Baumbestand nicht ohne Zweig wandern
Durch Flux und Flow dem Eigenen entgegen
Dem Zuwidergeweih dem Seelenputsch
In den von drin nach draußen blutenden Patschen
Komm ich an

Muss gewälzt werden im weichen Geerd
Geprasselt vom Segen
Grad und verkehrt
Mit den Sprachspatzen hinübergeworfen werden
Um im Flux und Flow zu vergimpeln
Dabei die Wochenpläne herunterzuratschen
Und freudig zu sterben
Mit den heiligen Simpeln

Die Elemente des Unpossierlichen

Die Elemente des Unpossierlichen
Der unaufhaltsam sich anbahnende Hüftknick
Das Rollen der Sterbenden aus den Autos
Bevor sie sich stauchen
Dieses unelegante Gouvernement
Schorfender Missgeschicke
Ist immer noch nicht bunt genug
Für die Erleider von
Künftigem Kammerflimmern

Unter den Kastanien

Unter den Kastanien spazieren
In der Geraden lotrecht sich halten
Die Sonne auf den Kopf
Bisweilen die gesprenkelten Schattenkringel auf der Stirn
Rechts ist der Henkel längst herausgewachsen
In den sich wer einhängt derart wandern immerzu
Und den Erdboden achtsam
Betrampeln Himmelsrichtungen egal

Denn jedwede Vertikalspannung lässt schnalzen
Und die Horizonte zu Boden stürzen
Bis die Zeiten aufgebraucht

Sich in die Himmelsrichtungen legen
Lichtlos vermummt

Kapitel 2

Zwischen Stundenglas
und Nu-Mühle

Von den Sächelchen

1

Mir gruselt
Vor der Landschaft
Ausgebreitet ist sie
Und zugleich eingerollt

Aus ihrer Mitte Himmelsdolche
In deren Schäften Geistler wohnen
Drum herum und aufeinander
Reih an Reih Zellen

Des Nachts
Bettwillige und Erbgewissenhafte
Lebensführer
Todespilger

2

Mir gruselt und ich würd
Mich bis zum Sterben grausen
Wenn nicht hinter den
Landschaftsecken hervorkäme
Die tägliche Sonne der tägliche Regen
Der stündliche Kram das Wonnepfropfene

Wenn nicht zwischen Stundenglas und Nu-Mühle
Der Tisch aufbereitet wäre
Mit den Sächelchen dazu
Brot und Wein
Apfel und Ei

Tod und Teufel
Mir nichts dir nichts

Krankenlager

Im Querliegenden sumpern. Ungewuchtet unter der Nase.
Auf dem Bettrost verschmiegt. Die Bettstatt auf dem
Sturzparkett. Der Fußboden im vierten Stock. Über der Nase
In den Lurchfunken Ewiges verhängt.

Und der Zeitfluss wuchtet sich staueinwärts.
Schmächtig in den Traumperlen an der Schlafgischt
Mein Lebenspersonal, paddelt und ist wie
Aus meinen Erfahrungen scherengeschnitten.

Ein Schwebebalken ich selbst, darauf sitzen
Ausgedachte Gestalten. Ich sehe über der Nase
Ihnen ins Hintrige, und da durch geht die Ahnung
Zum leergehusteten Himmel, dem rosagestirnten.

Schwebe ich darauf zu, kippe zur mitternächtigen
Qualkonferenz, denn die Lebensfiguren führen
Mich bloß skypend durch die Geschichte, so
Sumpert die Zeit in den Bronchien. Blumen allwo.

Zum Entlegenen

1

Zum Entlegenen
Als da zwar das Sommerlicht
Hinunterführt in die Sekundenkabinette
Dort das Behagen aufstößt
Zum verzierten Plafond
Möchte ich meine Schritte nicht lenken

Jenseits des Menschengeraspels
Wo die Bäume wie Äxte
Die Horizonte zerkleinern

Die Flussschlingungen den Weg
Zu meiner Gurgel finden
Mit der Zeit
Und die Dämmerungen
Alle Bilder aufsaugen und
Ihren Nächten darbringen
Dahin

2

Zum Entlegenen will ich
Mein Wort schicken
Selber aber bei den Spießgesellen
Überm Feuer braten

Denn wenn mich abküsst eine
Die in der Näh ist
Möchte ich allein dort
Mich suchen in den Blickparallelogrammen

3

Aber das Wort das aus sich
Sein unterpulstes Myzel rauswürgt
Und nichts will als im Entlegenen
Versintern dies Wort
Schlafe mir bei

Dem Herzschatten nahe
(Rondo)

Mir gegenüber sitzt eine, ihr Blick ist wie Glas
Ich fasse es nicht, greife mir aufs Genas
Da lacht sie, die Brüste, die Ohren, der Falz
Der mich zu ihr hinklebt, ich grinse und balz.

Geh um den Tisch, um zu ihr zu gelangen
Da steht sie auf, um mich zu empfangen
Mit Abwehr mit Neigung, was weiß denn ich
Ich stoppe, ich sag nix und schäme mich.

Ihre Schultern, ihre Haare, das Hüftgesäuse
Ich denk mich zu ihr und halt ihre Mäuse
Ich sag nix, dreh mich um zu den drüberen Sesseln
Hock ihr gegenüber und in den eigenen Nesseln.

Da sitzt sie, der Blick ist aus Glas und aus Splitter
Ich lächel sie an und bin freundlich und bitter
Und sag ihr, lass uns hoffnungslos sein
Sie steht auf um den Tisch und lässt sich drauf ein.

Großfingrig

Großfingrig
Der Schmerzgesell
Im Norden des Steißes

Die letzten Winterstürme
Zerstäuben im Erlenverhau
Hinter ihnen großfingrig

Die Frühlingstatze
Welche südlich vom Steiß
Ihr Tagwerk entzündet

Zweimal sich wälzen und dabei
Mit dem Gesellen aus Du
Mein gesiebtes Jahrzehnt

Wird begonnen haben
Ich steig hinauf
In meine Brustlandschaften

Liebeslaute bei versteckter Bälde

1

Dürre Wörter humpeln
Über die Grasnarben im Quadranten
In welchem die Atemstöße verfeuert wurden einst
Queren ihn diagonal und werfen sich
Jenseits angelangt eine Schnodderrobe über die
Kiemen und Schlüsselsilben
Verschwinden im Dunkel des Nunmehrigen

2

Bei versteckter Bälde
Rauscht es unter der Latern
Im weiten Felde
Sind wir gern

Raus aus den Lichtungen
Gewappnet zur Nacht
In freier Späte die Sichtungen
Verschimmern sacht

Herz in Arbeit

1

Ein Gedanke im Schussloch
Das Herz in Arbeit
Sonne samt Natur schräg
In den Augenwinkeln bin
Bang so bang beim Klang
Älterer Melodien

Nun denn entvölkert
Aber Horizonte voller Menschen
Ein Gezirp

2

Ohne dich bin ich ein Loch in der Wüste
Eine Zisterne ohne dich
Ein Formulierer mit fasrigem Hosenboden

Mit dir das in sich Gelächelte
Woraus sich mein Leib
Seine Schattenwiese zieht

Und seine Pfütze seine Gedrecktheit
Ein Schussloch, überwachsen
Mit derben Himmelsschlüsseln

Mannsgrauer Schlaf

Mannsgrauer Schlaf
Kommt über mich
Mit den Fersen muss ich
Unter der Decke
Links und rechts
Hin und her
Auf dem Leintuch reisen

Meine Ellenbogen stoßen
Rechts und links
Gegen die umkreisende Ruhe

Mannsgrauer Schlaf
Leiert aus

Julilegende vom achten Jahrzehnt

Für Christoph Meckel

Und der Juli zieht herauf und mein achtes Jahrzehnt
Genauer seh ich auf die Gräser schärfer den Käfer darin
Unmerklich überholen die Schultern die Knie und
Viel zu lang klebt mein Blick auf Vorbeigeherinnen
Wenn auch hinter dem Wimpernvorhang verborgen als glimmte
Der Sehnsuchtssachverhalt bloß nur noch und erlischt als Blicknis
Ein flüchtiges Wahrnehmen zwischen Hier und Verschwunden
Lässt mich dahin gehen und schön ists im Juli in Wiens warmen Straßen
Wenn gegen Abend die Hitze sich hebt und vom Westen wie immer
Der Wind das Gesicht streift der später nach Osten hin wegdampft

Und der Juli zieht ab und tiefer und flacher umgibt mich
Mein achtes Jahrzehnt die Bagatelle mit Verstürzung aber bloß
Nachts in unserer Schüttelhütte wenn ich wache und sinne
Indes meine Frau Wolkenbänke herausschläft mit ihrem Atem
Auf denen meinesgleichen erschöpft Platz nimmt und schaut
Wie die Zeit vergeht wie die Stunden sich mit ihrem Ursprung verbinden
Ihre Minuten kitzeln mich in den Nüstern versäumt ist der Moment
Als da ich einschlief gewogen vom achten Jahrzehnt
Nicht unzärtlich sodass ich auch die Traumgestalten musterte im Dussel
Muttchen hatte braune Augen Papá eine Glatze der doch mit

Fünfunddreißig hingemacht wurd auch trug keiner meiner im
    Öden
Verschwundnen Familie die Kornblume im Knopfloch und in
    den Augen
Allesamt fideles Traumpersonal bisweilen lachend Zither
    spielend Großvater Salomon
Erzählt Witze erstmals in seinem zerbrochenen Leben
    Jahrzehnte nach seiner
Erschossenheit Buchhalterwitze vom Vierer der sich im Einser
    verbirgt
Und knallend lacht das Büro und dass er erstmals im
    Rumbulawald bei Riga
Totentrompeten fand Sohn Georg bloß ertrunkene
    Fleischfliegen in Pfützen
Mitten in jenem Wald mit dem Gesicht nach unten Gras
    drüber
Andere der Meinen blass in der Gestaltung und wie
    verschwunden Gisela
Irma die ganzen Rebenwurzeln und Thorsche Hajeks
    Schindeln August zieht

Ins Land mehr Regen oder nicht wer sieht in die Zukunft wer
    sieht ins Vergangne
Wer sieht Gegenwärtiges anders als irgendwie und deshalb
    verspreizt sich
Im Fluge mein achtes Jahrzehnt lässt Federn herunter krächzt
    es hebt
Hast du nicht gehört die Zweite Mahler an und bestückwerkt
    meine Seele
Sodass ich auf den Bänken sitzend mitwippe zu den
    Terzverhauen die Leute
Bemerken das und wollen mir helfen führen mich mit
    Blaulicht nach Grinzing
Im Traum der mir beim Erwachen zwischen Fingern und
    Zehen klebt meine

Frau ist schon im Bad und als ich herauskomme aus dem
   fröhlichen Jagen
Hat sie schon für uns das Müsli auf den Küchentisch gestellt wir
   laufen
Die Stiegen hinunter und es geht in den Neunten

Verstaut im Büro verstaut im Café der Vormittag im späten
   Sommer
Fließt seinem Mittag zu ich lese die Zeitungen und finde Berichte
Vom Aneinanderreiben der einen Satzskelette an andere tief beuge
   ich mich
Selber bereits im Kaffeehausstuhl sitzend ins Innere der Zeitung
   vor mir
Damit sich die Drohwelt der Meinerei verbergen mag und die
   Schlagzeilen in Buchstaben verschwinden wie damals mit sechs
   da ich
Beim Wort Krambambuli lange wandern musste kommt ein
   Freund schlägt mir
Seine Hand auf die linke Schulter und sagt na? und
   selbstverständlich erhebe
Ich mich stelle mich ihm gegenüber kneife den Arsch zusammen
   drück ihm
Die Hand und wir setzen uns gegenüber nieder verschwinden
   hinter der Zeitung

Mit dem Beil im Nacken nähert sich der Abend was lebt und
   tanzt und schuftet
Findet heim und hin und wieder tritt das Hin und Wieder aus
   dem Alleinsein
Heraus und liegt wie ein einsamer Pfirsich in der Schale die steht
   auf dem
Küchentisch meine Frau legt einige Marillen dazu ich paar
   Aschanti bevor
Wir uns vorm Fernsehen begütigen ein Film ein Video müd ist
   man bald

Und wir schlafen samt Wolkenbänken und dem Anderen
 und am Beginn
Meines achten Jahrzehnts sind wir zwei uns gewogen sodass
 die Wohnstatt
Nicht unangenehm uns birgt inmitten der Hubereien der
 Fechtereien aber
Versteckt sind wir nicht, denn versteckt ist niemand
Vorhanden sind wir und in den September mit uns kein
 Federlesen keine Gnade

Kapitel 3

Bitter in meiner Lebenslust

Im Zartgaren

Im Zartgaren
Augengroß
Derweil uns die Schweißperlenbäche
Zu den Hüften rinnen

Wie gebannt liegen wir
Einander entgegen Atmungen
Bestreichen die Augenbrauen

Musiken

Musiken die einem die eigene Haut
Wie das Echo eines Trillers vibrieren lassen
Fort und fort sich in den Eingeweiden
Gütlich tun und allerorten diffundieren

Das Wasser aus dem Mergelkörper holen
Abscheulicher wo eilst du hin
Ein Runenzauber
Wir sind belauscht

Alsdann die Stille sich links und rechts
In Nebenhöhlen in den Bronchien in den Augenwinkeln
Ausbreitet zum Gespinne
Als ob am Schrei gespindelt

Ich brülle mich aus leb wohl leb wohl
Komme zum Anfang und Klein-Zack
Findet im Herzeingeweide statt

Scharlachnatter

Grauenhafter Mensch vorauslaufend
In künftige Zeiten siehst du zurück
Auf uns Wilde uns Blöde
Schauerlich dieser Eifer rettest uns

Vor uns die wir dich hinschreiten
Sehen zu den Diamantenbergen türkisenen
Tälern in denen Häuser sich türmen
Mit Prachtaussichten und Leute

Mit Eisenherzen hinter den Fenstern
Erwarten dich der du uns
In der Vorsteherdrüse verdammt hast wir
Mit der Scharlachnatter im Maul wollen

Dir den Kopf abhauen und die
Natter dir zwischen die Lippen stecken
Um hernach deine Botschaften
Nachzureden Jochanaan

Meldungen 2

Warum gurgelts und stöhnts
Aus den Weltecken
Mehr vom Süden
Kaum aus Polar
Massiert meine Ohren
Elend in Quartstürzen
Vergammelt das Trommelfell
Selten erlausche ich
Den Basso continuo
Der widerristigen Zukunft

Ich komme von ihr

Ich komme von ihr
Hinter meinem Schweißrücken
Wird sie kleiner und die
Kastanienbäume Eisenbahngleise Flugschneisen
Schieben sich den Sehnsuchtshighway
Entlang Flugenten kreuzen.
Das Alpengesindel überfliegen!
Woher wohin oder nordwärts
Bei abgetauchtem Südwind?

Ich komm von ihr
Handkantenschläge von mir an mich
Adjustieren meine neue Nacktheit selig
In kommenden Schlafrems
Meine Nase an der Achselhöhle

Sie aber von der ich komm
Ists zu der ich gehe
Vor meinen wuchtenden und künftigen
Blicken steht sie so da wird
Größer die von der ich sagte
Ich kam von ihr

Schlaflos

Müde bin ich in meiner Frische
Bitter in meiner Lebenslust
Im Dämmerschlaf schwimmt meine Geistesgegenwart
Man sieht die Spritzer oben und die Strudel
Unten treiben mich umher
Gestalten einst sind Strichfiguren worden
Ein Nachhall aus den Wirklichkeiten
Das Wortgeflecht geschüttelt

Schlaflos als da Bilanzen
Träume ersetzen
Das Höfliche das Freundliche erstickt
Während ich eingehaust in Liebe und in Lust
Brechen die Außenmauern des Verfassungshofs
Sodass durch mich die Wetter gehen
Und immer zu mir können

Dem Siebziger fliegt der spitze Hut vom Kopf
Am Boden liegend ist er eine Pullmannkappe

Die Freunde Weggefährten stehen als Gespenster
Im Zukunftsladen und verfloskeln sich
Ich schreibe mich
In meinen eignen Kreis zurück
Nun werd ich wieder schlafen können

Selbdritt

Als wir zu dritt unterm Himmel weilten
Auf dem die Sonne mit Prunk entlangzog
Fiel uns erst ein und dann auf
Wie aussprechlich war was uns bestimmte
Hier der Seelenkloß
Dort die Geistkröte
Hinnen der Ichmarder

Wir liefen hernach um uns herum
Bis es dämmerte und schlugen
Einander wortlos die Schlüsselbeine blau

Ein Trolltanz war es
Kein Elfenballett
Eine Verschlingung
Keine Erzeugung

Die Nacht dräute mit Anmaßung
Sie brach herein als Delegierte
Der Verschwundenen und der Versteckten

Wir mussten beenden das Spiel
Hinnen und querbeet

Um nach dannen zum Urgrund
Zum Unaussprechlichen zu schippern
Zu Haufen geworfen um zu kompostieren
Seelenkröte Geistmarder Ichkloß

Darüber und hinweg der Nachtwind
Der welcher die Gräser quält
Und die Fichten erheitert

Anzählung 1
(In den Binsen)

Diese meine Nacht verschwindet
In den Binsen sodass
Die Stunden wie aus einem
Löchrigen Sack herauskollern und
Auf dem Erdboden das ist
Mein hingeworfener
Körper umherspringen

Frühmorgens schütte ich die Binsen
Aus dem Schlafsack
Und die Nacht bröckelt
Helllicht heraus

Eine Wasserspur rinnt
Mir in die Tage welche
Den Dunkelduft
Aufnehmen müssen und
Mich anjahren

Solche nächtlichen Tage
Lassen mich entschweben
Ohne Aplomb und
Mit Blubber
In den Synapsen

In geduckter Nacht

In geduckter Nacht
Weil beschwert vom Eigengespenst
Habe ich zerdacht
Was mir aus der Frühe
Entgegenglänzt

Die Esel trotten aus der Gegend
Heraus und steigen hinauf ins Gejöh
Ich finde es bewegend
Und sage dem Milieu
Den Eselsgruß und geh

Mit ihnen doch ins Gebirg
Wo ich meine Raben
Und Krähen niederwürg

Zu Mittag wohl am Berg
Und über ihn hinaus
Zersplattert und verdeppert
Von Kuhglocken verscheppert
Geb ich mich aus

Bedeutung

Im Kreuzgang schleifen die Wörter vor mir her
Im Trappelschritt folge ich ihnen schlucke den Dunst
Den sie von den Silben her hinterlassen der Abrieb
Bringt meine Nase zum Deuten
Hinter mir segeln schwarze Noten
Reste der einstigen Musik sie fahren mir
Vom Rücken zum Gürtel von dort in die Stutzen
Das hampelt das strampelt aber Trompeten
Wenn nicht gar Fanfaren und der Posaunenverein
Saugen ein was zur Musik sich bilden wollte
Die Stille kann im Geruckel den
Rhythmus bloß choreographieren

Endlich ein Stillgestanden der Wörter ich bumse ihnen
Hinten drauf stoße sie vor zur großen Tal- und Atemsperre
Sie stürzen hinab und im Zusammenzug entweicht
Stimmliches welches in allen Ohren einschmuddert
Fell und Knöchelchen durchfährt und die Rede
Kommt an bei mir lässt mein Getrappel innehalten
Ich stehe bevor ich noch stehe im Tale vor mir
Wortstrauch auf Wortstrauch im Schatten zwar aber dürstend

Keine Gnade
(Die Legende von Roland, Otto und Ruth)

1

Gegen Mitternacht, draußen macht sich der Sturm
An den Bäumen zu schaffen,
entdeckt der werdende Orkan Roland
Dass er Menschen als Pfitschipfeile
Gegen Flächen werfen könnte.

Der Wind aber, der an meiner Schüttelhütte
Vorüberweht nach Simmering und Albern, um dort
Die Ertrunkenen aus der Donau zu kippen, rüttelt bisschen
An den beiden Südwestfensterkreuzen meiner Wohnstatt.

Wie ein Komplize spucke ich vom Balkon aus
In den Wind, der aber dann eben zu Roland wird.
Ich ersuche ihn, sich nicht in den Stephansdom
Zu verbeißen.

2

In dieser Nacht, Sommer 1963, wird Otto Preminger
Am Westwerk eine mächtige Hakenkreuzfahne
Anbringen für seinen Film, den er in Wien soeben dreht. Als
Die Fahne herunterflattert in aller Pracht, geht Roland die
    Luft aus.

Die amerikanische Touristin Ruth Tennenbaum, welche im
    Hotel
Neben dem Dom abends acht Uhr eingecheckt hat, schläft
    nun

Tief. Die erste Nacht verläuft friedvoll im gefürchteten
   Wien, das sie
Nach Jahren des Zögerns nun doch wieder besucht, sie
Kommt aus New York, wohin sie 1938 geflohen. Nicht
So schlimm, denkt Ruth, als sie frühmorgens erwacht. Sie
Steht auf, öffnet Vorhang und Fenster, um den als Kind so
Geliebten Steffl zu begrüßen.

Blutrot pendelt die
Hakenkreuzfahne vom Adlerturm, streift
Erst Markus, dann Lukas. Ruth
Sieht sie und stirbt sofort, acht Tage vor
Ihrem fünfundsiebzigsten Geburtstag.

Als man Preminger die
Nachricht überbringt, geht
Ihm die Zigarre aus
Zwischen den Lippen.

Kapitel 4

Klappe den Laptop zu

Aus der Innenseite

Aus der Innenseite meiner Nachtstunden
Bellt ein Hund heraus
Und mein Schlaf zieht sich zurück
Rastet in beiden Augenbrauen

So verzwirbeln die Gedanken sich
Und ockern schließlich in der Hautschicht

Morgens wenn die Hähne krähen
Jage ich den Köter ins Kraut

Es wird die Außenseite
Der Tagstunden laut

Doch Windlichter
In der Weite

Nachtgesang

Die Wörter liegen zusammengerollt am Gang
Ich ruhe ausgestreckt in der Wohnung
Wind pfeift von draußen herein stößt
Meine Schlafzimmerfenster auf
Die Wörter die ureignen wehen an mir vorüber
Flattern überm Balkon und weg sind sie Frau
Stanek aus der drunteren Wohnung sagt sie
Habe gesehen wie große Rabenviecher
Den Glitschglitzer in den Schnäbeln
Forttrugen ein Dohlenmännchen müsse einiges
Überm Donaukanal verloren haben sodass
Ein paar ausgemergelte Weißfische danach schnappten
Und daran gewürgt hätten
Sagt Frau Stanek und die hat Letzteres vom
Fährmann Rabindranath oder vom kleinen
Robert wenn der nüchtern genug war
Um zu übersetzen nun
Ja so muss auch ich
Mich zusammenrollen oder für
Die Fische die Gegendarstellung
Abliefern der zufolge
Ich ausgestreckt im Bett lag während das
Badewannenwasser unter der Tür hereinrann
Und die schwarzen Engel mit den Zackzeichen
Am Revers unverrichtet umkehrten ich alsdann
Zur Gegenwart schwamm und
In der Wohnung mich fläze
Wie einst als der Kuckuck schrie
Unter dem Lied der Sirenen
Bis die schwarzen Vögel anzwitscherten
Und zuschissen die braune Stadt

Klangkegel

I

Aus meinem Zimmer auf die Brandgasse hinunterschauend
Bin ich nächtens mein eigener Sitzkegel
Wenn ich nicht sogar mich zylindre
Bei äußerer Reglosigkeit
Stürzen die Saftgedanken und die Wutideen übereinander
Von drinnen kommts mit elfzwölf Tönen
Und mit Flow durch Nase und Aug
Es bleibt stehn als Knurrchen als Atemvertreib
Und die Ohren sind bloße Horchkübel in die
Unvernehmbares hineinfällt

Sitz ich halb Buddha halb Rabbi
Eingehüllt im verglasten Tallit
Hebe die Beine als ob man Buchenäste nach oben trägt
Verschränke die Arme dass verdeckt bleibt das Sternenbanner
An der Jackenbrust
Und das Geschützheulen sich von fern nähert
Die Kübel befüllt

Es haut mir die Ohren zuschanden speichelt das Antlitz
Mit den Säuren- mit den Basenschmerzbringern doch bevor
Ich aufjaulen muss vor Verzweiflung und Pein
Durchfährt mich Musik aus verwitterten Stunden
Klingen die Waffen wie Instrumente des Fortkommens und
  ich
Rappel mich auf schlag mir den Urhund von der Kleidung
Trete ihn und mich selbst die Stiegen hinunter

Ein Ziffernmonogramm rutscht mir vom Scheitel
In die Armbeuge verklemmt sich zwischen Speiche

Und Elle ich werd mitgerissen plumpse aus dem Traumzeug
Kullere fort

2

Was sag ich als ich aus dem Haus bin endlich in Schuhen mit
Boxershorts, und Ruderleiberl mit Armbanduhr und Gürtel
Um den Schmer
Was sag ich

Moorsoldaten graben
Schwarzbraune Mädchen
Ich hatt einen Kameraden
In einem Polenstädtchen
Mit dem Spaten
Wie ich keinen Bessren find

Fahre hoch sitz als Zylinder eingehüllt im Tallit aus Kautschuk
Im Brandgassenzimmer und sehe dem Text zu
Wie er mich leerrinnt

3

Kein Laut
Stille Ruhe
Stehe vom Sessel auf
Klappe den Laptop zu
Hol mir aus der Küche
Eine Williamsbirne
Halbweich stecke ich sie
In den von Buchstaben ausgewurmten Mund

Psalm

1

Aus den Spalten den Seelenfalten geträufelt
Herausgeatmet nach Apnoe geatmet
Auf der Lefze der Zornlefze angehäufelt
Vom Neid verwirbelt das Wortding

Hinein in meine Öden macht diese Öden
Dehnt sich aus im Gehirn
Fällt zusamm im Gehirn
Vom Geiz geschrottet das Wortding

Flieht in die Weiten der Gleichform
Haftet am Papier schlingert im Space
Zwitschert ins All zum Gestirn zum Gebläs
Vom Hass geschirmt das Wortding

2.

Gib mir die Dinger rüber
Drück deinen Arsch nach vorn
Geh mit mir hinüber
Hungrig und unverloren

Damit ich nicht vergesse

Für Friederike Mayröcker

Diese Angst diese Anxt diese Unkst diese Diese
Das Zeug zu verbeuteln sich selbst zu fallieren
So eine Grottenbahnfahrt zurück
Durchs eigne Leben nur damit
Ich nicht vergess zu vergessen aber schon wieder
Von links und von rechts
Die Spiegel darin
Meine unerschöpfliche Furchtfratze
Und alle Wörter rennen unter Zurücklassung
Ihrer Buchstaben weg und davon und daher

Ruhepuls

Mit Raisa drin im Père Lachaise
Und Sonnenregenwind streicht über all das hin
Bei Morrison Krawall bei Oscar Wilde
Der Kalkgrieß der vom Grabmal rieselt
Die Piaf verschwunden in den Lungenblumen
Zuhauf zubrest der Regensonnenwind
Kost Raisas Augen die in meine
Zum Tod hinschauenden so blicken dass
Die neuen Pulse in den alten sich beschleunigen

Im Eingangstürchen dieses Riesenfriedhofs
Stand der Herr Steiger Bruder seines Bruders Dominik
Verteilte Grabadressen von der Callas bis Nadar
Und murmelte während er uns gab die Zettel
Grüß Sie Herr Schindel

Als nach Stunden wir entwichen
Nach Ménilmontant verschwunden Steiger
Die Sonne kam nochmals
Ich sah der Raisa
Das Grüne aus den Augen

Vorbeimarsch
(Monolog des Zukurzgekommenen)

Für Lana

Da geh ich vorbei an den unentlegenen Leuten
Verhangen sind die, welche am Arsch
Vorbei an den Ärschen selber

Schreite aus, die Schultern hochgezogen
Einmal das rechte Ohr zugeschlackert, einmal das linke
Mit der Achsel gegens Trommelfell vorbei
Mit der Ohrtrommel an den Stenzlaternen
Der Inneren Stadt, vorbei an den Bettlern
Ihnen den Hut wegkickend, ich trete der Zigeunerin
Den Judenbalg von den Brüsten, schreite weiter

Vorbei an den lächelnden Fiakergäulen mit Klo unter
Den Kruppen, vorbei an den Kanalgittern aus denen
Es eiapopeiat, silbrige Fäden, Windbacherei
Mampfend geh ich vorbei, komme
Zu den hirschelnden Männern, denen soeben
Ein Charityparcours ausgelegt ward, dort
Gockeln sie für Haiti für Skopje für Messina für Lissabon
 und zurück

Ich schlage im Vorbeigehen dem Kriegsblinden sein Aug
In die Höhle, Krawoden, Tschetschena, Moldawier
Alles Vorbeibrüder, an denen geh ich wie nichts
Wie du und sie vorbei, die Wolgaschlepper am Mündchen
Von meinen gespitzten Lippen löst sich ein Bussi ein
 Servus

Und das Baba mit Spucke in die Negergesichter, die Bimbos sind
Halt immer am Wischen, wenn sie nicht grade ersticken
An meiner verheerenden Zugewandtheit Obama Ofuma
Vorbei an den rätselhaften Stimmungsumschwüngen
Die mich anfeilen, an mir streifen Bauchmenschen
Kosenamen ab wie Rassist Faschist Stracholder
An denen schmutz ich mich nicht, geh mit dem Wortschwall
Aus meiner Maultrommel vorbei an den Guten

Vorbei an der Oper, am Heinrichshof reib ich mir den Jucker
Vom Buckel, vorbei an der Aida, vorbei an den Frauen
Nicht eine kann mich halten, ein Zwicker ihnen in den Schritt
Und weg bin ich, vorbei gehe ich an der Sezession und fühle
So sehr, dass ich sowohl den Naschmarkt hinauf
Als an der Wienerstadt vorbeigeh, sodass ich angeharscht

In Ha-Wei mich stoppe. An Mauerbach geht kein Mensch vorüber
In Mauerbach bleib ich, da treib ich
Die Schultern zu den Brustwarzen hinunter
Neige den Kopf mit der Hammerfrisur
Und schlage Nägel ein in den still-gestandenen Pflasterstrand

Bis in der Kartause ich Ruh find, wirkliche Ruh

Die gemalten Bestien von Lascaux

*Nachdichtung des Gedichtes »The Painted Beasts of Lascaux«
von Paul Vermeersch*

Ihre Entdeckung war für dich wohl ein bisschen wie
  heimkehren.
Du warst schon einmal hier, aufgekeimt einst, verborgen
Die gemalte Hand, die ausruht mit dem Stein. Eines deiner
Moleküle war da, Erinnerungspartikel an kämpfende
  Riesenviecher
Vergraben im Innersten. Ihr Gehörn durchbohrt all die
  Dunkelheiten,
Versperrt im ewigen Stein. Diese Pferde, geboren zu früh,
Um was andres zu sein als Pferd. Keine Zentauren noch,
Keine Sternschiffe noch. Weißt du, jene Herden sind die
  gleichen
Auf solchen Mauern, wie sie auf den Weiden waren, und nun
  in deinem Kopf.
Hörst du den Takt der Hufe, wenn sie die Erde betrampelten,
  das sind
Die Trommeln, die hochpeitschen den Song in dein Mark, den
  Song der tausend
Millionen, welche vor dir waren. Ihre verklingenden Stimmen
Schlüpfen in deine Stimme, dunkeln sie ein. Ihr Gesang
Ist verheddert in deinem Herzen, bis es bricht, dieser Gesang
Macht deinen Weg frei zu dir.

Logbuch 11
(Wenn in Venedig)

Wenn die Katzen in Venedig
Mit den Ratzen in Venedig
Durcheinanderlaufen
Wenn die Hunde in Venedig große Würste
Scheißen in Venedig und die Menschen
Menge Menschen in Venedig große Haufen machen
Und die Sonnenlichter schiefe Lampen
Fassen in Venedig
Quatscht das Wasser um die Gummistiefel rum
Geht der Brösel geht der Schimmel um

Alte Türme drohen in Venedig
Umzustürzen bleiben stehen in Venedig
Brückchen beißen einen in den Rücken
Hundertschaften in Venedig
In den Hemden in den Schuhen in Venedig
In den Seilen diese Balken ganz Venedig
In den Seilen

Die Weltlage unwunderbar

Die Weltlage
Unwunderbar

Der Haussegen
Unüberlegt

Die Umsatzsteuer
Unumkehrbar

Der Nasenrammel
Unverglöckelt

Die Herzenswärme
Untief

Das Beliebige
Unverbrochen

Aller Kussdurst
Ungestillt

Die Weltlage
Unwunderbar

Nachtfahrt

Für Wolfgang Koeppen

Judejahn
Springt in den Kahn

Und aufwärts gehts vorbei an den abgewunkenen
Hin zu den willkommenen
Windfahnen im Lot

Weg vom Gemaserten von Wildspuren
Von den Zartbesessenen zitternd
Schreiben die die Traumschreie ab

Judejahn
Springt in den Kahn

Und atmet schweigend seine Zukunft ein
Ertappt ist er nie worden gegenwärtig
Hat er die Ruhe weg

Im Schlagschatten sintern die Andern und
Dunkeln auch wenn deren Nachfahren
Die Chiffren mit Leuchtsalz versetzen

Judejahn
Springt in den Kahn

Und der Nachen
Gleitet auf der gespiegelten See
Hin zum kühlen Grund

Kapitel 5

Sich darin gütlich tun

Blickwechsel

Wenn ein Blick hersegelt
Und ich mich überrucke
Im Antwortverhalten alsdann
Meinen eignen Blick zurückschmeiße
Ins gegenübrige
Ins kalkene Gesicht

Segelt dies Blickwerk
Mit verspiegelten Augen
Über die Ozeane
Dem Zielwillen entgegen

Schonzeit

Mit der mir eignen Trauerallür
Kollert der Tretroller beim Atemholen
Neben den Anspeibsträuchern
Und fällt herab den Stiegenschneck bis zur Kellertür
Ich ratter ein wenig mit den glühenden Sohlen
Sodass zum Kehlkopf steigt ein jähes Räuchern

Nun schweigts ein ich spüre über Gebühr
Das Ende der Jagdzeit als flüchtige Skizze

Ich nehme die Pullmannkappe vom Schweißtropfenskalp
Der Schatten des Quietschsturzes wird kärglich und falb
Schutzengel Adolf zwängt sich durch die Oberritze
Mein Atem lässt sich holen von den Rumbulasträuchern
Nachkommende Beamte bringen die Allüre in ihre Gewalt
Meine Knie bluten ab die Sonne lichtert den Stein auf den
    ich mich stütze

Vor einem Jahr starb Mutter ich träume
Ich falle mit dem Tretroller in die Kellerräume
Und klaube den Mutterwitz aus der rotgilbernen Kiste
Geduldet vom abstürzenden Schutzengelbann
Ich merke wie ich mein Leben ungenutzt nütze
Und fang mit dem Atemherbeigeschleppe gar nicht mehr an

Werde hellwach hiebei, salutiere der Mützenabmütze
Welche ich nie besaß und auch jetzt nicht besitze

Enggang

Weit ists mir worden was
Auch sonst noch
Tag und Nacht klar

Die diamantenen Flüsse ziehen
Dahin ich mit ihnen
Dem Engfall entgegen

Sonderbar bloß
Der zufallende
Der sichere Schritt
Zu mir

Kleine Verzweiflung

Die Ratlosigkeit im bayerischen Frühling
Herunter kommt das Sonnenlicht und
Entfernt schimmert die Bergwand
Auf mich, der ich

Verwirrt mich umsehe. Zwischen
Den Brocken der Nacht dann geigt
Irgendwo draußen
Jemand unter eiernden Windlichtern

An Dominanten und quietschenden Sekunden herum.
Ich blicke hinauf. Es spielt
An der Bergwand unterm Abendstern
Der Wind mit den heraushängenden Latschen.

Schreiben

Die Langeweile baldowert
Meinen Vormittag aus draußen
Gleiten Tiere durch die Luft
Und aus der Erde Zukunftsduft

Hier aber sitze ich im Quadrat
Durchquere das Innennicken
Höre nicht auf den äußeren Rat
Lass mich mit Fadwörtern bestücken

Die Langeweile baldowert
Meinen Vormittag aus
Mittags matt und ausgepowert
Entschlaf ich in mein Sturmgebraus

Die Wispernelke

1

Mit den Köpfen unter den Achseln
Im Rösselsprung mehr seitlich als vorwärts
Ein lautes Wispern in die beiden Achselhöhlen
Energisch folgt das Schulterzucken so

Dass keine Epaulette sich drauf halten kann
Das Gewisper fangen die zugewandten
Ohren der Menschenmenge ein
Ängstlich die Senderbalustrade
Ratlos die im Sprung verharrenden Reiter auf den Rössern

Denen nachts Hooligans Nelken an die Nüstern geklebt
Denen frühmorgens Parteikämpfer Nelken
Aus den Rossnasen gerissen denen
Mittags die Schattenbader vom Ballhausplatz
Die Eisenbäuche betätscheln

2

Aber der Mut das offene Wort die menschengerechte
Die menschengefreundete Tat
Steckt in den offenen Mündern der Leute die das Tableau
    umstehen
Steckt fest sodass das Gewisper wie eine Sonate aufspielt

Tagelang während die Vorbeigeher vorübergehen
Lösen sich allmählich die Nelken von Sehnen und Mähnen
Werden fortbewegt von eilig aus den Provinzen
Herbeigeschafften Straßenkehrern

3

Eine Nelke fliegt auf durch ein föhniges Lüfterl kommt sie
  hoch
Schlüpft mir der ich soeben aus Langenwang oder Nussdorf
Am Heldenplatz angekommen um unverzüglich ihn querend
Zur Bellaria zu gelangen durchs räudige Knopfloch meines
  Sakkos
Auf die Brust *Rote Hofburg grüß euch Genossen* wispert es

Hierauf schweigt der Platz der Bezirk die Stadt und das Land
Bei der Bellaria wurstel ich die Pissnelke vom Sakko
Werfe sie den einschreitenden Touristen vor die Linsen
Treffe pünktlich Soja Saimolowa die Jüngere die Überlebende
Wir küssen uns ein Wispern der Nelke ein leises Schnalzen

Wir queren diesen Ort das Viehwerk aber
Bleibt wo es ist und so können Winde Regen
Brunzer und Kotzer sonnensüchtige Katzen
Undsoweiter auch bleiben während wir gegangen
Verschwunden Soja mit Blume im Haar ich

4

Mit schattigen Händen
Nachts mit den Köpfen
Unter den
Achseln
Nur Mut

In einer Frühe

In einer Frühe
Die in uns einen ungehörten
Schrei einen
Auftritt des Lichts erzeugt hat

In dieser Frühe
Sagst du ein schleifendes Wort

Du sagst
Du gehst

In jener Frühe als du starbst
Starben ungehört alle Buchstaben
Meines Alphabets bis auf das A

Als du starbst fielen
Die Sonnen der Kindheit
Ins Jetzt und seither
Klingeln die Küchenuhren scheppert
Die Zukunft von morgen nach gestern

Jetzt wo du fort bist
Gehen die Stunden in deine Richtung

Vermessung

1

Innen herum durchgeschlendert
Im verkugelten Raum
Die Horizonte kommen geflogen
Mit Krähe Rabe und Kapaun

Inmitten des Mittigen im Herz
Sozusagen im Girlando der Sprache
Planetennah unverwurzelt jäh
Gelandet in der Sache

2

Ein wehendes Auseinander
Die Herzen verknirschen den Takt
Schräge der Regen die Wolken
Schieben sich hin zu den Tönen

Den Tonlosigkeiten notorisch
In Herzenssorgfalten geschürzte
Lippen krusten keuchend
Schiebt der Atem die Wolken

Die untereinander verwandt vorüberziehn
Samt Kranich über unsere griesigen Köpfe
Küssen wir einander wir
Knirschen und flöten

Wir tönen wir atmen uns zu
Was uns stets fehlte jetzt ist es

Gehen einträchtig mit den Najagedanken
Unserem Absterben entgegen

Stimmung

Und immerzu wenn aus den Erdspalten
Die Schreckenhocker kommen sodass Sonne und Mond
Sich verhängen tritt einer wie ich
Sich selbst in den Magen
Verschattet ist der Blick mit Pechblenden

Was soll einer wie ich noch sagen er möchte
Als wäre er ich in den Fels hinein
Sich darin gütlich tun und
Eine Eierspeise bestellen und sie
Zu sich nehmen unter den
Aufgehängten und schwankenden Fledermäusen

… Kapitel 6

Als da der Mond aufzieht

Bamberger Schlender

Der Bamberger Novemberwind
Wie gleichgültig streicht er von den
Bubengassen und Werkelplätzen
Hinauf zum Dom ein Beschnüffler
Während ich an den schmatzenden und glucksenden
Wirtshäusern entlang einem Gedanken
Nachhänge der aber an der drunteren
Regnitzbrücke abbiegt und im Wassergerinnsel
Verschwindet. Ich schlag
Mir mit der Handkante den Abendscheitel und
Betrete ein schattenseitiges
Gasthaus in dem die Bamberger über
Teller gebeugt hocken und
Fränkische Würzwürste verputzen.
Ich nehme Platz und
Mein Blick lichtarm
Sucht den Kellner.

Logbuch 7
(Lemberg)

Fällt der Maiensonnenball
Wohlgerundet auf die Stadt Lwów-Lwiw
Bin ich unversehrt mit Knall und Fall
Im Switcafé und atme tief

Denn dunkel ist Galizien stets gewesen
Und hitzehell bin ich in Lemberg hier
An Geistesgegenwart ist wohl genesen
Was stracks vernichtet wurde für und für

Und nicht. Und immerhin ein pralles Immerhin.
Die heutige Ruthenenstadt wohl unberührt
Vom Mahlstrom Nimmermehr ist innendrin
Im Jetzigen vom Künftigen noch unverführt.

So reck ich mich im Switcafé empor
Entgegen diesem Sonnenball aus Nun
Doch leg ich auf den Schattenstein das Ohr
Braust Blutmeer auf und gurgelt um und um.

Herzschritt

Die Schrägsonne in Wolfenbüttel
Und ich gehe durch meinen inneren Ort
Passiere Herzrhythmen fahre fort
Bis ich im Traumtanz mich rüttel

Aus dem Schweißfilm heraus
Entflohen dem Traumgebraus
Dort mir alles misslang
Angststafettenlang

Fahr ich die Hand an den Hoden
Geh mich duschen tagessüchtig
Find das Spiegelbild halbnichtig

Tariere mich im Fortgehn richtig
Und stürze auf den Zukunftsboden
Die Traumsequenzen sind zerstoben

Jerusalem

In der Tiefe der Nacht wachsen die Schluchten
Und die flusslose Schlucht der uralten Stadt.
Es wuchern die fruchtlosen Lebensfluchten.
Im schlaflosen Traum
Läuft Gottes Kapaun
Zwischen Eseln und Ochsen.
Es fliegen die Orthodoxen
Zum himmlischen Raum

Gedenkkerze

Die Gedenkkerze
Speist ihre Flamme
Aus dem Inneren aus dem
Moderknochenparadies

Kein Lichtwind
Bringt
Sie zum
Erlöschen

Wenn sie stark flackert
Bisweilen ist ein Auflachen
Vernehmbar entfährt dem Sperrmaul
Von Mengele Josef

Nach einem Begräbnis

1

Der Blick steigt zu uns herauf
Pendelt, während wir am offenen Grab
Dem Dahingeschiednen unser Ichbinsnicht
In die Grube werfen, am Absatz gedreht
Entkommen wir hauptvoll
Der vergorenen Zeit.

2

Gespräche mitten unter den
Schmaushaufen, den Getränkesalben.
Die Wörter pendeln
Trocknen nicht aus.

Begierde

Die alte Madame, sie verstehts nicht.
Die Valenzen der Liebe sind
Ihr unbekannt. Immer schon
Seit glühender Zeit
War die Oberfläche
Ihr liebstes Geschleck.

Vom Horizonte

1

Das Pipapo des Allreims, tägliches
Wegräumen von Gegenständen, damit der
Horizont ins Aug ragt, ein Balken
An dem die Nachtmaden von dort
Zur Netzhaut kommen.

2

Doch Atempause des Dings, Schweigzeichen, der
Fluchtsatz hinterlässt die Lache, in der
Ihre Scherbe von
Sich weist auf den Horizont
Den eingesackten.

3

Wo war ich wer
Wie lang weilen der Dinge
Schweigzeichen in mir. Wann
Fahren sie mir aus dem Auge. Greifen
Nach der Mandel, der Aster
Blicksicher und wortleer?

4

Kapital ist worden die Liebesgeschichte
Zwischen inneren und äußeren Dingen

Hör mich an, du von der anderen
Feldpostnummer, gib deine Maden heraus.

5

Zwischen den Horizonten
War ich wo wer

Nebbichs Königskrönung

1

Es kommt in mein Zimmer Herr Nebbich
Es kommt in mein Zimmer Fink und Star
Es kommt in mein Zimmer Stalins Großneffe Putin

Es kommt in mein Zimmer Schlaraffenallah
Es kommt in mein Zimmer ein kackender Troll
Es kommt in mein Zimmer sein lullender Hund

Es kommt in mein Zimmer Genoveva von Sesenheim
Es kommt in mein Zimmer Robert der Täufer
Es kommt in mein Zimmer Herr Braunau

2

Es kommt in mein Zimmer Herr Nebbich
Öffnet seinen nebbichen Koffer
Heraus fallen
Die elegantesten Communiqués
Meinen Achselhöhlenkrebs betreffend

Endlich holen sie mich aus dem Zimmer
Übersiedeln mich
In die Aufwachzuständigkeit

3

Draußen vor der Tür
Wo die Nebel gehen

Wo die Figuren walten
Wo die Geschichte endet
Als der Tag beginnt

Links und rechts
Führen mich
Die Linke und die Rechte
In den Waschraum

Allein unter den Duschen
Die mich ängstigen
Weil die Morgensonne
Hinter den Schäfchenwolken
Schwindet sodass kühl
Die Tagluft mich abreibt

4

Abends gehe ich in mein Zimmer
Dort wartet Herr Nebbich
Endlich Bruder brüllt er
Endlich endgültig im Zimmer
Nebbich vierte Tür blutlinks
Neben der zugesperrten Mansarde
Wo ich gestapelt werde beizeiten

Ob die Zeit

Ob die Zeit entweicht
Oder ob ich sie vertreibe
Ob ich an der Birne
Den Wurmbenag
Beim Hemdenwechsel merke

Ob du hinter diesen Schultern
Verschwunden oder gar
Verloren bist
Im Wetterwechsel

Und ob
Als da der Mond aufzieht
Die Ewigkeiten sich

In unsern Münderecken
Anreichern beim herzzerstoßenden
Gelächel welches

Überbleibt von unsrer Zeit
Der klangarm entwichenen

Und immerzu
(Sitzgang eines Literaten)

In den Echotönen der heraufgezogenen Stille
Da seht ihr mich sitzen in buchstabengefütterter
Moorlandschaft die Arme wie Hummerzangen
Lotrecht vom Leib weg hin zum Sumpf
Dort sich die Blumentruppen verteilt hatten

Und im Ringelreihn aus dem Sumpf blitzen Worte
Nichts als solche indes ohne weiters
Wolkentiere schwarzgrau nach Osten abziehen
Aus dem Inneren
Kommen Troll und Schrat

Glossar

Aida: ägyptische Sklavin und Konditoreikette in Wien
anfeilen: anpflaumen, anmachen, anfahren
anharschen: jemanden sehr unfreundlich anfahren
Anspeibsträucher: Sträucher, auf die gekotzt wurde; anspeiben ist ankotzen
Aschanti: Erdnuss

Bellaria: ursprünglich ein Vorbau der Wiener Hofburg, heute der Bereich Ring-Bellariastraße
Brösel: Riebel, eine Speise aus Weizen- oder Maisgrieß, ein Fastnichts
Brunzer: einer, der uriniert, Schimpfwort

Charityparcours: Wohltätigkeitsweg

einschmuddern: Schmutz und Gier hineinbringen
einschweigen: immer tiefer in sich hineinschweigen
Engfall: eine Worterfindung

Fährmann Rabindranath: ein Fährmann, der in Indien war und sich seitdem Rabindranath nennt

Gejöh: ein freudiges Aufschreien
Genoveva von Sesenheim: erfundene Namensmischung aus Genoveva von Brabant (Hauptperson einer Legende, von Gustav Schwab in seine Sagen aufgenommen) und Friederike von Sesenheim, der Geliebten des jungen Goethe; gleichzeitig Anspielung auf die Oper »Friederike« von Franz Lehár, die von diesem Liebesverhältnis handelt
griesig: abgeleitet von Grieß

Ha-Wei: Hadersdorf-Weidlingau, Teil des 14. Wiener Gemeindebezirks
herunterratschen: etwas leiernd aufsagen
hinnen: ebenso wie »dannen« in ungewöhnlicher Verwendung
hirscheln: siehe das Gedicht »Heldenplatz« von Ernst Jandl
Hubereien: Wichtigtuerei

Jochanaan: Johannes der Täufer

Klein-Zack: wird von Hoffmann in Offenbachs Oper besungen
Krawoden: Kroaten

Leiberl: Leibchen
Leuchtsalz: herbes Leuchten

Mützenabmütze: KZ-Mütze, die beim Appell immer auf Befehl vom Kopf genommen wurde

Nordlusterle: eine Worterfindung

Patschen: Hausschuhe
Pfitschipfeile: kleine schnelle Pfeile
Pullmannkappe: eine Art Baskenmütze

Quietschsturz: Absturz von jemandem, der quietscht, oder des Quietschtones

rotgilbern: gelb bis zur Rotglut werden
Rumbulawald: Wald bei Riga

Schattenbader: einer, der im Schatten badet
Schmer: was den Bauch zum Schmerbauch macht
Schmozzanten: ein Haufen Snobs
sintern: durch Schmelzen verfestigen
Soja Saimolowa: Figur aus dem Roman »Die junge Garde« von Alexander A. Fadejew
Steffl: Stephansturm
Stenz: Frauenheld
Stiegenschneck: Wirbel am Ende eines Holzgeländers
Stracholder: aus Strache, Chef der FPÖ, und Strolch
sumpern: verkommen, verdeppern; zerdeppern als langsamer Vorgang
Switcafé: Café in Lemberg

Tallit: Gebetsmantel
Tschetschena: Tschetschene

überrucken: zu stark verrücken
unverglöckelt: ohne Rotzglöckchen (österr. für aus der Nase hängenden Rotz)

verbeuteln: ausschüttelnd verlieren
Verfernzer: Verleumder, Verräter
vergimpeln: sich lächerlich machen, sich zum Gimpel machen
versintern: ablagern
Verstürzung: Sturz mit Vorgeschichte und Folge

widerristig: gegen die Regel
Windbacherei: Windbäckerei

zersplattern: in größeren Teilen zersplittern
zubrest: bresthaft werden

Inhalt

Kapitel 1
Bleibt einer jäh stehen
 9 Anzählung 2 (Befund)
10 Serpentin
11 Vom Balkon
12 Nature morte 2 (Heruntergehundet)
13 Davonkommen
17 Beim Besilben
18 Terzsturz
19 Hinüb
20 Die Elemente des Unpossierlichen
21 Unter den Kastanien

Kapitel 2
Zwischen Stundenglas und Nu-Mühle
25 Von den Sächelchen
27 Krankenlager
28 Zum Entlegenen
30 Dem Herzschatten nahe (Rondo)
31 Großfingrig
32 Liebeslaute bei versteckter Bälde
33 Herz in Arbeit
34 Mannsgrauer Schlaf
35 Julilegende vom achten Jahrzehnt

Kapitel 3
Bitter in meiner Lebenslust
41 Im Zartgaren
42 Musiken
43 Scharlachnatter
44 Meldungen 2
45 Ich komme von ihr

46 Schlaflos
47 Selbdritt
48 Anzählung 1 (In den Binsen)
49 In geduckter Nacht
50 Bedeutung
51 Keine Gnade

Kapitel 4
Klappe den Laptop zu
55 Aus der Innenseite
56 Nachtgesang
57 Klangkegel
59 Psalm
60 Damit ich nicht vergesse
61 Ruhepuls
62 Vorbeimarsch. (Monolog des Zukurzgekommenen)
64 Die gemalten Bestien von Lascaux
65 Logbuch 11 (Wenn in Venedig)
66 Die Weltlage unwunderbar
67 Nachtfahrt

Kapitel 5
Sich darin gütlich tun
71 Blickwechsel
72 Schonzeit
73 Enggang
74 Kleine Verzweiflung
75 Schreiben
76 Die Wispernelke
78 In einer Frühe
79 Vermessung
81 Stimmung

Kapitel 6
Als da der Mond aufzieht
85 Bamberger Schlender
86 Logbuch 7 (Lemberg)
87 Herzschritt
88 Jerusalem
89 Gedenkkerze
90 Nach einem Begräbnis
91 Begierde
92 Vom Horizonte
94 Nebbichs Königskrönung
96 Ob die Zeit
97 Und immerzu (Sitzgang eines Literaten)

99 *Glossar*